UNE VISITE

A

LA TRAPPE.

PARIS. — IMPRIMERIE GERDÈS,
10, rue Saint-Germain-des-Prés.

UNE VISITE

A

LA TRAPPE

PAR

M. ÉDOUARD BERGOUNIOUX.

PARIS
GERDÈS, ÉDITEUR
10, RUE S.-GERMAIN-DES-PRÉS

1849

EXTRAIT DE LA REVUE DE PARIS,

LIVRAISON DU 16 MAI 1841.

Nous avions quitté Mortagne depuis une heure; nous venions de laisser derrière nous la forêt du Perche; nous n'étions plus qu'à une demi-lieue de l'abbaye de la Trappe, et cependant nous n'en découvrions encore ni les murs ni même le clocher.

— Allons! me dis-je, le monastère s'est fait aussi humble qu'il a pu; il ne s'est pas, comme tant d'autres, placé sur une montagne avec un portail magnifique et des tours gigantesques pour appeler à lui les voyageurs distraits et les fidèles incertains; il n'a voulu surprendre ni solliciter personne. C'est de la retraite, du silence et du recueillement autant qu'on peut en trouver en France, au XIX° siècle.

Ma tête, comme vous voyez, allait s'exalter. L'imagination, malgré la promesse que je m'étais faite en me mettant en route, commençait à prendre les devants. Je m'en aperçus : Rentrez, rentrez chez vous, folle du logis, m'écriai-je. Vous savez à merveille embellir un voyage; mais, en vous écoutant, qui peut répondre de résister longtemps au charme de vos mensonges? — Déjà, en effet, mon imagination me construisait une bien noire et bien effrayante demeure, lorsque mon guide me fit remarquer à notre droite, sur la limite d'une lande inculte entourée de bois, une maison toute blanche et toute neuve, la *Maison-Dieu* Notre-Dame de la Trappe. Rien assurément n'était moins triste, moins lugubre, moins désolé. Il est vrai qu'un soleil splendide éclairait l'horizon, que le ciel était pur, l'atmosphère imprégnée des plus doux parfums, l'herbe et les arbres du chemin parés de cette fraîcheur odorante qui rappelle si délicieusement la pluie battante et le tumulte d'un orage de la veille.

Je fis presser le pas du cheval, et, après quelques instants de marche rapide, nous arrivâmes à la porte du couvent. Je descendis du mauvais char-à-bancs qui nous avait amenés, et j'entra sur-le-champ.

I.

J'avais pour le révérend père prieur une lettre de recommandation qui m'avait été donnée par monseigneur de Séez, l'un des plus aimables évêques de France. Je n'avais pas, je crois, besoin de cette lettre pour être bien accueilli, mais j'étais heureux de lui laisser le soin de l'*exposition* dans la première entrevue. Je la tenais à la main en franchissant le portail. Je la montrai au frère portier; il me pria de le suivre. Je ne jetai sur le frère qu'un coup d'œil rapide et sans l'interroger; je ne le regardais en quelque sorte que comme l'enseigne de la maison. Je m'étais promis de voir d'abord avec mes yeux; les questions viendraient ensuite. Quitte à me tromper, je tenais à deviner. Les rectifications ne se feraient pas attendre.

La maison si blanche et si riante que j'avais aperçue de loin et qui est aujourd'hui le monastère proprement dit, se trouve séparée d'une première cour par un mur assez haut. C'est sur cette cour que s'élèvent les parties de l'ancienne abbaye échappées aux ravages de la révolution, et où les trappistes, au retour de l'exil, en **1815**, recommencèrent d'abord à se fixer. Là, tout est assez sombre, fort triste et fort négligé. C'est dans ces avant-postes, si je puis m'exprimer ainsi, sur la gauche en entrant, qu'on reçoit les hôtes que la charité seule peut faire accueillir : les vagabonds, les bandits, s'il s'en présente, et les lépreux, s'il y en a encore. Sur la gauche, on vous montre aussi l'ancienne chapelle, l'hôtellerie *intrà muros*, où l'on héberge les étrangers de quelque recommandation, et les prêtres que l'on envoie ou qui viennent d'eux-mêmes en retraite, puis enfin le laboratoire et la pharmacie. Comme nous traversions la seconde cour, le portier me fit remarquer des frères convers qui conduisaient des bœufs à l'abreuvoir, ou qui portaient à l'étable de la paille et du foin ; il me signala le moulin mobile qui fait la meilleure farine du département, et tout près de ce moulin un charmant pavillon où sont accueillis les hôtes que l'on veut particulièrement honorer. Un immense jardin s'étend à droite et à gauche autour du monastère, et sert avec la cour à l'isoler de tous les autres bâtiments. Le portier sonna avec résolution, comme chez lui ; mais on ne nous fit pas moins attendre quelques instants, et, au silence absolu qui succéda au coup de la sonnette, on eût pu croire qu'on avait heurté à la porte d'un tombeau. Cependant tout à coup, sans que nous eussions entendu aucun bruit dans l'intérieur, sans que le monastère eût donné le moindre signe de vie, la porte s'ouvrit comme d'elle-même, et nous présenta un jeune moine entièrement vêtu de blanc, qui baissa la tête, se prosterna à terre sur les mains, et nous dit en se relevant : *Benedicite*. C'est à la Trappe le premier salut qu'on vous rend. Ce moine était fort grand et d'une taille très-svelte, autant qu'on en pouvait juger sous la robe et la coule, cette espèce de burnous. Il n'avait pas de barbe ; son air était des plus doux, sa figure des plus fraîches et des plus heureuses, sans la moindre expression d'austérité. Je lui donnai la lettre de monseigneur de Séez, et le jeune frère, après m'avoir conduit dans un cabinet fort étroit qu'on appelle le parloir, me quitta pour remettre cette lettre au prieur, à qui elle était adressée. Je ne vis rien dans le parloir qu'un banc, deux chaises et une pancarte où je lus ce qui suit :

« On évitera la rencontre des religieux autant que possible, surtout s'ils sont occupés au travail.

« Si l'on apercevait un religieux que l'on eût connu dans le monde, il faudrait bien se garder de s'en faire reconnaître, *quand même ce serait un fils, un frère, un neveu.*

« On n'entrera pas dans les lieux réguliers sans être accompagné de l'hôtelier.

« Le silence est inviolable à l'église, au réfectoire, au dortoir, dans les cloîtres, au chapitre et dans la cuisine.

« Dans les lieux où l'on peut parler, on le fait en peu de paroles et à voix basse, de manière à n'être pas entendu des religieux qui se trouveraient près de là. »

II.

La porte s'ouvrit bientôt, et je vis paraître celui qu'on appelait le prieur. Il m'eût été difficile de le reconnaître pour tel sans l'avoir entendu nommer. Rien ne le distinguait : ni le costume, ni l'âge, ni l'air d'autorité ou de commandement. C'était un religieux de trente ans à peu près, d'une figure charmante, et qui vint au-devant de moi comme au-devant d'un ami. Il se plaignit de n'avoir d'abord à me donner que quelques instants, parce que les vêpres allaient l'appeler à la chapelle; mais il me pria de lui permettre de s'en dédommager dès qu'il serait libre. C'était l'accueil, c'était la physionomie, c'était la grâce que j'eusse rencontrés dans le monde où l'on a conservé encore les belles traditions de la véritable hospitalité. Mais aussi, à part la robe blanche, la barbe longue, — et encore qui ne porte pas aujourd'hui une longue barbe? — je ne savais plus où trouver le trappiste. A qui donc avais-je connu plus de cordialité, un meilleur choix d'expressions, un empressement plus affectueux? Avant de me quitter, il voulut que je lui promisse de me loger au monastère, non dans l'hôtellerie *intrà muros*, mais dans le pavillon qu'on réservait pour les étrangers de distinction. (N'était-ce pas là un piége qu'il tendait à ma vanité sans y songer?) La voiture, le cheval, mon guide, tout, jusqu'à mon chien, devait être hébergé avec moi. Il eut l'extrême attention de me dire que mon chien pourrait coucher dans ma chambre si je voulais. Tout cela était offert avec cette politesse pressante à laquelle on ne sait pas résister.

Lorsqu'enfin il fut bien convenu que j'acceptais : — Le temps presse, dit-il; on va *vous faire la réception.*

Ces derniers mots, prononcés d'un ton assez leste, me firent une impression pénible et gênèrent un instant ma sympathie, car je savais ce qu'était cette réception, et je ne pouvais comprendre qu'on m'annonçât une chose si solennelle, au moins par la forme, avec tant de légèreté. Mais, en y réfléchissant, je me dis que cette chose, sans doute solennelle dans le principe, était devenue une simple formalité, un des articles de la règle qui doit toujours être observée. J'ai eu d'ailleurs, plus tard, l'occasion de me convaincre que tous les actes du trappiste, excepté la prière et la communion avec Dieu, sont empreints de la façon la plus absolue d'un caractère passif. Il ne fait jamais qu'obéir.

La *réception* se fait sous le vestibule, où le père qui nous avait ouvert s'était déjà prosterné sur ses mains devant nous. Nous retournâmes donc dans ce vestibule. Je crois que je devais y faire assez singulière figure, mais je n'y restai pas longtemps sans voir gravement s'avancer vers moi deux religieux qui se prosternèrent de tout le corps à mes pieds, me demandant ma bénédiction, et me laissant, je vous jure, pendant que je la donnais, fort embarrassé, et surtout fort humilié de tant d'humilité. Il est d'usage qu'après cette cérémonie, les deux religieux conduisent le visiteur au parloir, où ils lisent pour lui quelques versets de l'*Imitation;* mais la cloche sonnait les vêpres, et les religieux se rendirent en toute hâte à la chapelle. Je suivis les religieux ; on me fit monter seul dans une tribune qui sépare la chapelle en deux parties égales, et forme ainsi une espèce de jubé.

Cette chapelle est extrêmement simple et presque sans ornements; les règles de l'ordre en excluent l'or et l'argent. Elle est parfaitement propre; on en a posé la dernière pierre, on y a donné le dernier coup de brosse en 1833; elle semble achevée d'hier. Partout ailleurs qu'à la Trappe, elle obtiendrait à peine un regard du touriste. Mais, il faut l'avouer, quand on y a vu les trappistes enveloppés de leurs larges robes blanches, debout dans les stalles de chêne bruni, l'esprit souverainement attentif; quand on y a entendu ce chant grégorien si bien exprimé par toutes les voix qu'un même souffle semble animer, il est impossible de ne pas garder de cette chapelle un profond souvenir. C'est en vain que je guettai un seul regard curieux qui montât jusqu'à moi. Ils étaient tous en Dieu, et rien ne pouvait les détourner du divin entretien. Du reste, point d'exaltation extérieure, point d'élans visibles d'enthousiasme; ils étaient à cette heure sérieux dans leur extase, et gardaient tout en eux le feu sacré qui sans doute les brûlait. Les religieux, cependant, ne restent pas immobiles dans leurs stalles; presque à chaque verset des psaumes, au contraire, on se lève, on s'assied, on se tourne de côté, on s'incline; ces mouvements répétés ayant été commandés, dans la crainte que le sommeil ne vienne quelquefois engourdir les paupières de ces hommes pour qui les nuits sont si courtes et les jours si remplis de fatigues. C'est pour la même raison que chacun d'eux doit chanter de mémoire, et, s'il se trompe, se punir lui-même à l'instant en touchant le pavé de la chapelle avec ses mains. On ne peut cacher que les erreurs sont assez fréquentes.

L'office terminé, les pères quittèrent leurs stalles l'un après l'autre, sans faire entendre sur la pierre le bruit de leurs sandales, avec le silence vaporeux des ombres qui passent. A la porte de la chapelle, je trouvai un des jeunes moines qui m'avaient fait la réception. Il devait remplir auprès de moi les fonctions d'hôtelier. Comme nous étions sous les arcades des cloîtres, et que dans les cloîtres l'usage de la parole est absolument interdit, il m'exprima par sa pantomime que je devais le suivre sans l'interroger, et nous marchâmes ainsi jusqu'au vestibule. Dès que nous y fûmes entrés, il me dit qu'il était à ma disposition. Je demandai à faire d'abord connaissance avec ma chambre, et à l'instant même il m'en montra le chemin. Mon guide et mon chien y étaient déjà, ainsi que mon porte-manteau. Une petite table était dressée au milieu avec un couvert. Un jeune frère convers attendait mes ordres pour servir; mais je le priai de vouloir bien reculer l'heure d'un repas pour lequel je ne me sentais en ce moment aucune bonne volonté, et il sortit avec mon guide, dont les services m'étaient devenus tout à fait inutiles.

Le père hôtelier m'apprit que cette chambre avait été longtemps habitée par M. de la Forcade, ancien directeur des contributions indirectes, qui avait fait du bien à la maison, où il avait fini ses jours, et dont je verrais le tombeau. Ce M. de la Forcade était un homme d'une haute piété ; monseigneur de Séez avait donné l'autorisation de célébrer la messe sur un autel particulier qu'on avait dressé dans un cabinet près de la chambre. M. de la Forcade, qui était devenu infirme, pouvait ainsi faire toutes ses dévotions sans sortir de chez lui.

III.

Après un quart d'heure de repos, nous commençâmes la *visite* en nous acheminant vers la ferme. Ce n'était plus le religieux, à peine entrevu, que j'allais rencontrer sous la robe de moine, mais le fermier, mais le laboureur; le père hôtelier, que j'avais trouvé presque muet sur le trappiste, ne tarissait pas sur le cultivateur. Il me vantait, avec une orgueilleuse satisfaction, les succès que les pères avaient obtenus en rompant avec les vieilles routines de l'agriculture; et il faut le reconnaître, il n'y eut jamais d'orgueil plus légitime. Ce que l'on a fait à la Trappe est prodigieux : on a réussi dans des défrichements qu'il semblait extravagant d'entreprendre. Il est vrai que, loin de reculer devant les innovations, on est allé les chercher. Les nouvelles machines que le progrès de l'industrie a produites, on n'a pas craint d'en tenter l'épreuve ; ce qui n'était qu'indiqué, on l'a trouvé; ce qui était commencé, on l'a fini. Mais aussi quels admirables instruments ! Dans quel autre lieu rencontrer, avec tant d'intelligence, un zèle si parfait, une obéissance si absolue dans l'ouvrier? En cette maison, vouloir c'est faire. Quand la voix qui a le droit de commander a parlé, elle est sur l'heure obéie. Il est vrai qu'elle ne parle point au hasard. Si, dans ces travaux de tous les jours, aucun des frères ne peut demander et ne demande le travail qu'il aime et qu'il sait faire, croyez bien cependant que c'est à ce travail qu'il sera destiné. Ce n'est point pour le bien de l'ouvrier, comme chez Fourier, mais pour le bien de l'ouvrage, que la volonté souveraine a recherché l'attrait naturel dans la distribution du labeur.

— Quelque dur, quelque pénible qu'il fût, il est probable que le travail serait supprimé à celui qui l'accepterait comme un plaisir, me dit le père hôtelier; personne ne doit avoir ici une jouissance, un bonheur qui lui soit personnel, en dehors des joies infinies qu'il trouve dans le commerce de Dieu.

— Ainsi donc, mon père, répondis-je, si les fonctions que vous exercez en ce moment auprès de moi vous procuraient quelque distraction agréable, ne pouvant nier cette distraction, ni vous y refuser tant que vous demeurez, vous devriez donc à l'instant vous enfuir et me laisser seul?

Cette question le fit sourire.

— Tenez, repris-je, il y a en toutes choses, dans les meilleures même, des extrémités qu'on n'a pas prévues et qu'il est impossible d'accepter.

Nous étions en ce moment dans le jardin. Un frère convers y était occupé à détacher d'un poirier quelques feuilles qui nuisaient à la maturité du fruit. Il ne jeta pas un seul regard sur l'étranger qui passait si près de lui, mais il me sembla reconnaître sur sa figure cette expression glorieuse et satisfaite particulière aux horticulteurs dont les espérances sont réalisées. Je fis remarquer ce frère au frère hôtelier, et je lui dis :

— On a beau faire, on ne meurt jamais tout

vivant. Le monde et ses plaisirs, les hommes et leurs passions, vous pouvez vous en séparer par un mur assez épais pour qu'aucun retentissement du bruit qui se fait derrière n'arrive plus jusqu'à vous; mais vous n'empêcherez pas le chant de l'alouette de faire chanter votre cœur, le soleil du printemps de réchauffer votre sang, vos regards de se reposer au moins un instant avec amour sur cette fleur que Dieu a fait éclore pour tout le monde, pour vous comme pour moi, mon père.

Il tourna la tête d'un air de doute; mais, comme s'il eût craint d'entrer en discussion :

— Ne trouvez-vous pas, me dit-il, cette cressonnière admirable?

— Sans doute, répondis-je avec indifférence.

— Et nos fromages de Gruyère que je vous ai montrés dans la laiterie, vous les avez à peine regardés. La laine si remarquable de nos moutons n'a pas fixé votre attention. Notre moulin, le plus beau moulin, le seul moulin du département de l'Orne, le batteur qui fait avec trois hommes l'ouvrage de quatre-vingts, et qui eût mérité à lui seul la visite dont vous honorez la maison, rien n'a pu vous captiver; qu'êtes-vous donc venu voir à la Trappe?

— Le cœur des religieux, allais-je répondre; mais je me rappelai que c'était là un livre où chacun avait bien le droit de ne pas laisser lire, et qu'on allait sans doute me fermer, si j'annonçais ainsi le désir de l'interroger.

Je me trompais, on ne fait à la Trappe aucun mystère de ses pensées ou de ses sentiments, mais seulement on ne croit plus que cela vaille la peine d'être étudié. Comme religieux, les pères s'imaginent qu'ils sont bien moins dignes d'étonnement que comme agriculteurs; ils pensent que la ferme modèle doit attirer plus de visites que le couvent.

Nous entrâmes dans le cimetière sans sortir en quelque sorte du jardin, car il n'en est séparé que par une grille de bois. Resserré dans un carré que ferment sur trois côtés les arcades des cloîtres, le cimetière est petit, froid, sec. Pas un arbre et pas une croix; la pierre blafarde du tombeau de M. de la Forcade ne rappelle que la condition d'un legs. La chapelle sépulcrale de l'abbé de Rancé ressemble à une guérite. La mort y est anonyme, sans poésie, et traitée comme la chose la plus vulgaire de la vie. Je m'imagine que vous ne croyez plus à la fable de la fosse dont chacun enlève tous les jours une pelletée de terre en la creusant pour son compte. Voici la vérité : à côté de la dernière qui s'est refermée, il y en a une qui reste toujours à moitié ouverte jusqu'à ce que la mort la remplisse. Le gazon épais qui recouvrait celle que j'y vis m'attesta qu'elle n'était pas ouverte d'hier. Si l'on meurt bien, l'on meurt peu à la Trappe. L'on vit faible, si vous le voulez, quelquefois défaillant, mais l'on vit longtemps. Vous n'avez là aucune des causes qui ruinent si souvent la santé : ni la table, ni le jeu, ni les soucis, ni le plaisir. On n'y a, par exemple, jamais entendu parler d'apoplexie.

Le chauffoir touche au cimetière. Que vous dirai-je de cette salle humide, noire et triste, d'où le soleil, en la saison d'été, semble douloureusement exilé, où, durant l'hiver, le feu doit refuser de s'allumer, et qui pour tout ornement m'offrait les tabliers bleus des frères convers suspendus au-dessus de quelques paires de sabots égarés? Hélas! à peine entré, je voulais déjà sortir; mais le père hôtelier me retint sur le seuil de la porte pour me faire lire le règlement. J'y remarquai que, le chauffoir étant destiné seulement à protéger les frères contre les rigueurs d'un froid excessif, il ne faut par conséquent s'approcher du feu qu'après avoir eu le sang à moitié gelé dans les veines; que personne ne doit s'asseoir près du foyer, et n'y demeurer même debout pendant plus d'un quart d'heure, sans donner l'occasion très-légitime d'être *proclamé au chapitre des coulpes*. Je vous parlerai tout à l'heure de cette proclamation.

— Et proclame-t-on souvent, mon père?
— Presque jamais, me répondit l'hôtelier.

La dureté de la règle me transit et effraya la vocation qui commençait à poindre en moi. Les saints de la Thébaïde ne dormaient certes pas sur des lits de rose, mais pour plus d'un peut-être c'eût été une épreuve fatale qu'un hiver passé sous notre ciel avec la nécessité d'en subir les rigueurs, à peu près sans défense.

Le père hôtelier me fit aussi traverser la cuisine, mais je n'en parle que pour mémoire. J'y trouvai deux frères convers qui me laissèrent passer sans me voir et peut-être sans m'entendre.

Jusqu'à ce moment je n'avais vu au travail que des frères convers; j'en fis la remarque à l'hôtelier. Il me répondit que les pères, destinés à chanter les louanges du Seigneur sept à huit heures par jour, ce qui n'est pas un travail sans doute, mais ce qui peut aussi épuiser les forces des plus robustes, n'arrosaient la terre de leur sueur qu'à l'époque de la récolte; que, hors ce temps, ils étaient presque toujours consacrés au service spirituel de la maison.

— C'est encore à un frère convers qu'est confié le soin de veiller les malades, dit-il en ouvrant la porte de l'infirmerie.

Il n'y avait dans cette infirmerie ni infirmiers ni malades, et je m'y serais à peine arrêté quelques instants, si la lecture du règlement ne m'eût retenu. Il est dur aussi celui-là. Avant tout l'infirme doit aimer son infirmité. Il ne se bornera pas à dire : Non, douleur, tu n'es pas un mal. Il faudra qu'il ajoute : Je te bénis, douleur, car tu es un bien. Il ne témoignera jamais qu'il désire de la viande; l'usage en est quelquefois permis, non le désir, et encore après avoir eu six ou sept accès de fièvre. Quant aux confitures, il doit en oublier jusqu'au nom. C'est à peine s'i est permis d'accepter les remèdes, les sirops, par exemple, où le sucre entre nécessairement. Du reste, sous peine d'être *proclamé*, l'infirme, en prenant une médecine, ne peut pas donner une seule marque de répugnance. Il ne doit s'informer ni de la composition du remède, ni de l'état de sa santé, ni des progrès de sa maladie. A quoi bon, d'ailleurs? La cendre et la paille qu'il voit préparer par l'infirmier en disent bien assez sans doute. A la Trappe, la mort ne surprend personne. On l'a vue venir de loin, de près on la regarde en face; point d'amis qui vous la cachent en vous cachant leurs larmes. Le médecin lui-même vient vous dire que votre dernière heure va sonner. Allons, il faut revêtir pour la dernière fois cette robe et cette coule dans lesquelles vous allez mourir, et qui vous serviront de linceul. On vous portera ensuite, au milieu de vos frères, sur cette cendre, sur cette paille qui vous attendent, et c'est votre voix déjà éteinte qui se ranimera pour chanter la prière des agonisants.

Je n'ai point assisté à ces saintes et barbares funérailles; mais, pendant que le père me les racontait, je m'en faisais une saisissante image. Je voyais le trappiste la face nue, chrétien héroïque, expirant sans crainte sous les yeux de tous; je le voyais conduit sur les bras de ses frères jusque dans la tombe qu'il avait peut-être lui-même creusée; puis j'entendais ces frères, prosternés sur la fosse remplie, pousser d'une voix forte ce cri de miséricorde et d'adieu : *Domine, miserere super peccatore.*

Le dortoir que je visitai ensuite est divisé en un grand nombre de cellules. Chaque frère, autrefois, couchait sur la planche; la règle depuis s'est un peu adoucie; il y a maintenant un matelas sur cette planche. Le trappiste y dort tout habillé; il faut bien qu'au premier son de la cloche il soit prêt à se rendre où il est appelé. Rien à signaler dans ce dortoir, qu'une forte odeur de laine trempée de sueur. Il est vrai que cette odeur, on la rencontre à peu près partout : le trappiste vit et meurt dans la laine.

Il ne me restait plus à visiter que la salle du chapitre. Hélas! comme les divers compartiments qu'on m'avait déjà fait parcourir, elle méritait à peine le regard que je fus forcé d'y jeter. A la

Trappe, les lieux n'empruntent aucun prestige aux cérémonies qu'on y célèbre; rien ne rappelle ces cérémonies, rien ne les fait revivre. Ces murs impassibles n'en gardent pas même l'empreinte, ces plafonds toujours muets n'en murmurent pas même l'écho affaibli. Il y a une heure de la journée cependant où, dans cette salle du chapitre, maintenant morne et silencieuse, il se passe une des scènes les plus dramatiques de la vie du cloître. Tous les religieux sont rassemblés; les règles de l'ordre sont lues à haute voix. — Les avez-vous tous fidèlement observées, mes frères? Allons, il faut qu'à l'instant chacun s'interroge, qu'il interroge son frère, et qu'il s'accuse ou qu'il accuse son frère, si son frère est coupable. Mais il faut surtout que la charité n'ait point à souffrir de ces dénonciations, il faut que l'accusateur soit plus humilié que l'accusé qui le remercie; car ce n'est point pour blesser son frère qu'on proclame son frère, dit la règle, mais pour l'avertir et le mettre en garde. D'ailleurs, c'est avant tout pour maintenir la discipline que la règle a ainsi parlé; car les fautes extérieures, c'est-à-dire les fautes contre la discipline, sont les seules que l'on proclame; les autres, s'il s'en commet jamais d'autres, sont entre Dieu, le confesseur et la conscience. Mais c'est précisément dans la proclamation de ces fautes extérieures qu'est l'épreuve pour l'orgueil, car c'est cette discipline qui fait du trappiste un chrétien à part; et chacun met peut-être, sans le savoir, une sainte vanité à en accepter, à en augmenter la rigidité.

Les étrangers ne sont jamais admis à la proclamation, elle se fait en famille; et si le père hôtelier ne prenait la peine de vous en parler dans la salle même du chapitre où elle a lieu, ce n'est pas à coup sûr, je le répète, l'aspect de cette salle qui vous en dirait un seul mot. Cela pourrait être un réfectoire, une salle d'audience ou une sacristie, tout ce que vous voudrez enfin. Il est vrai que tout ressemble à tout dans cette maison.

Que m'avait appris, que m'avait révélé la vue de ces quatre murs nommés l'infirmerie, le chauffoir, le chapitre, où personne n'était malade, ne se chauffait, ne se proclamait? N'eussé-je pas été aussi instruit, aussi édifié et beaucoup plus ému peut-être en écoutant, sous la nef obscure de quelque vieille cathédrale, par exemple, tous ces récits qu'on venait de me faire sur les lieux mêmes qui en fournissaient l'occasion? Hélas! il en est ainsi de beaucoup de choses merveilleuses dont nous n'avons pas vu le théâtre : arrivés sur la scène, nous trouvons qu'elles en prennent les proportions, et qu'au lieu de grandir elles se rapetissent étrangement.

IV.

Nous venions de rentrer dans le jardin, et nous allions, avec le père hôtelier, faire une excursion dans les champs qui dépendent du monastère, lorsque j'aperçus le prieur à une fenêtre. Il avait les yeux tournés de mon côté; je crus qu'il m'appelait, et je me rendis auprès de lui. Je le retrouvai tel que je l'avais vu d'abord, plein d'une grâce charmante et comme heureux de me revoir. Il était assis en face d'une petite table couverte de papiers; il venait de recevoir quelques lettres et un journal, un journal exclusivement religieux, dont le titre m'échappe en ce moment. Nous restâmes seuls quelques moments; la conversation roula sur les événements politiques, auxquels il ne me parut prendre qu'un intérêt fort médiocre, et sur la réaction catholique, dont il eut l'air de douter. Quoique très-ferme et inébranlable assurément dans ses convictions, je ne lui trouvai point cet amour de propagande que j'aurais pu m'attendre à rencontrer chez un homme de tant de foi. Mais l'on n'est vraiment un trappiste qu'à la condition de ne pas vivre, même par la pensée, hors des murs du couvent. Si le trappiste est chrétien à sa manière, il l'est surtout pour son propre compte ; en se séparant du monde, ne témoigne-t-il pas, par cette séparation même, que, tout en priant pour le prochain, il laisse à d'autres le soin de le convertir? Le nom de l'illustre abbé de Lamennais, que j'avais entendu insulter par des piétés sans doute beaucoup plus entreprenantes, mais non plus pures ni plus sincères, ne fit pas même froncer le sourcil à mon aimable prieur. Si le catholique n'approuvait point, le chrétien ne se trouvait pas le droit d'accuser; il aimait mieux espérer. Mais aussi un trappiste n'a point à faire la preuve de son zèle. Sa vie de tous les jours n'en rend-elle pas tous les jours témoignage? Ce n'était point d'ailleurs une disposition particulière au prieur; deux ou trois autres religieux qui vinrent se joindre à nous, et qui ce jour-là étaient relevés du silence, me parurent, comme lui, pleins de la plus grande mansuétude. Point de paroles amères contre la révolution de juillet, point de regrets du passé injurieux pour le présent. Ce fut en riant qu'ils me racontèrent la visite domiciliaire qui était venue les surprendre pendant la nuit, quelques jours après le départ du vieux roi Charles X. On ne les sommait que de livrer des tonneaux de poudre, des sabres, des poignards, des baïonnettes, des canons; que sais-je? On n'en aurait pas demandé davantage au gouverneur de Vincennes. Cela était assez burlesque, en effet; mais, après en avoir ri comme on ne rit pas souvent à la Trappe, ils ne songèrent pas à s'en plaindre.

La soirée s'avançait; le prieur me rappela que je n'avais pas encore dîné, et comme mon estomac s'en souvenait fort bien, je me rendis à ma chambre, où l'hôtelier m'annonçait que j'étais servi. J'y trouvai, je vous assure, un repas fort appétissant; des œufs et des légumes parfaitement apprêtés, d'excellents fruits, du vin rouge et du vin blanc, ce qui, dans ce pays dont le cidre est la boisson habituelle, me fit jeter sur moi-même un regard de haute considération. La viande était exclue de ma table; je n'avais pas eu les sept accès de fièvre qui en autorisent l'usage à la Trappe; quant au poisson, les religieux peuvent y goûter en voyage, mais il n'en est jamais servi pour personne dans la maison. Je mangeai de très-bon cœur, et causai à l'avenant, soit avec l'hôtelier qui s'était assis près de la table, soit avec le frère convers, qui se tenait debout, veillant à tous mes besoins avec le zèle d'un domestique modèle. Vous comprenez que je me gardai bien de prendre au sérieux les fonctions du frère convers. Ce frère, qui était fort jeune, accompagnait ordinairement l'abbé dans les tournées que fait celui-ci pour visiter les autres monastères dont la grande Trappe est le quartier-général. Quoique pour obéir à la règle il eût sans doute la ferme intention de se montrer fort sobre de paroles, il ne put se défendre de répondre à mes questions, e une fois engagé, souvent de les prévenir. Il n'avait qu'une éducation fort imparfaite, car il était tailleur de campagne avant d'être au couvent, cependant je trouvai sa conversation agréable, spirituelle, et en bons termes. J'avais du plaisir à l'entendre, mais ce n'était pas encore le trappiste comme je le voulais voir. C'est là un des grands mérites des religieux, et j'ajoute pour le visiteur curieux un des inconvénients de leur hospitalité, de ne pas vous laisser sentir auprès d'eux la sévérité de la règle à laquelle ils sont soumis. Pour savoir comment ils sont entrés dans leur vie austère et dans quels sentiments ils s'y tiennent, il faut les interroger, et quelquefois on ne s'y décide pas sans hésitation. Il ne me sembla point, du reste, à moi, qu'on trouvât ma question indiscrète.

— La porte de cette maison une fois franchie, me dit le père, ce n'est ni contre les hivers sans feu, ni contre les nuits sans sommeil, contre les repas sans saveur, les jours sans plaisirs et sans délassements, qu'il faut s'encourager. Quel est le soldat qui n'en a pas supporté davantage pour l'honneur de son drapeau? Mais le renoncement à soi-même, cette soumission absolue de l'intelligence, cet abandon complet de l'individualité, voilà ce que l'on n'obtient pas sans un combat à outrance. Le corps, la chair, ont été vaincus presque du premier et du même coup, mais le moi intime s'est longtemps révolté ; abattu un jour, il se relevait le lendemain, pour retomber et reparaître encore. Aujourd'hui cependant, presque pour tous, cette lutte est tout à fait finie. Quoi que dise la règle, la règle a toujours bien dit. Elle peut commander de semer du grain sur du marbre ; la main sèmera le grain, et l'esprit croira que ce grain doit germer un jour et fructifier.

En écoutant ce jeune frère, qui me parlait avec ce sang-froid de son anéantissement humain, en le trouvant si calme, en voyant sa figure si sereine après ce sacrifice accompli, soumis sans doute à l'influence d'une belle soirée d'été, qui a aussi tout son charme à la Trappe, je me demandais s'il y avait une grande sincérité dans cette sentence écrite sur tous les murs : *Il est dur de vivre ici, mais il est doux d'y mourir*, et s'il n'était pas, au moins pendant la belle saison, aussi facile d'y couler ses jours que de les voir finir. Mais, me dis-je, ai-je lu le secret de tous les cœurs sur le visage des trois ou quatre religieux que les devoirs de l'hospitalité ont mis en rapport avec moi? Parmi ceux dont je n'entendrai pas la voix, qui ne me jetteront pas même un seul regard, trouverais-je cette résignation et cette mansuétude qui ressemblent si bien au bonheur? D'ailleurs l'hôtelier, le prieur, le sous-prieur, le cellerier, par les nécessités mêmes de leurs positions, sont relevés de l'obligation la plus dure peut-être de la règle : le silence. Si, comme les autres, ils ont renoncé aux joies et aux plaisirs du monde, ils ne sont pas morts tout-à-fait à la société. Les hôtes qu'ils reçoivent les y font revivre au moins par la pensée. Dieu ne leur a point donné des sentiments et des idées dont l'expression leur soit constamment interdite. En contact avec l'homme, quelque sanctifié que vous puissiez le supposer, l'homme se retrouve en eux.

Mais non, je l'appris bientôt, les fonctions que je les voyais remplir ne les séparaient point des autres frères. Ces fonctions sont essentiellement révocables et de courte durée. Chacun les exerce à peu près à son tour. J'eusse trouvé chez tous ce que j'avais rencontré chez ceux que le hasard de mon séjour avait placés auprès de moi. Ce contact avec les hommes du siècle, auquel j'attribuais une résignation plus facile, pouvant ainsi se trouver tout à coup interrompu, deviendrait au contraire l'occasion d'une anxiété douloureuse et d'une lutte nouvelle, s'il n'était pas imposé comme un devoir plutôt qu'accepté comme une distraction. Les religieux, dans leur bienveillant accueil, obéissent à la règle, et non à leur sympathie; c'est la maison qui parle par leur bouche et vous sert par leurs mains. Demain l'hôtelier sera remplacé, il rentrera dans le recueillement et le silence absolu; vous passerez à côté de lui, et les yeux qui vous ont souri ne vous reconnaîtront plus. Voilà ce qui me fut dit avec une sincérité contre laquelle je n'élève aucun doute, et voilà ce qui constitue essentiellement le trappiste.

Mais ce qui ressort surtout à mes yeux de la révocabilité des fonctions, dont une seule, celle de l'abbé, reste inamovible, c'est la force et l'autorité de ce chef suprême. Chacun peut, chaque jour, aspirer à la seconde place; il n'est pas rare que, du dernier rang, le portier d'aujourd'hui, par exemple, soit demain appelé avec le titre de prieur à commander souverainement en l'absence de l'abbé. Mais aussi, d'un signe, l'abbé le fera rentrer dans l'humble emploi d'où il l'a tiré. Au-dessous de l'abbé, il n'y a aucune puissance réelle; il suffit d'un geste de sa main pour étendre le niveau sur toutes les têtes. C'est l'égalité la plus parfaite sous l'absolutisme le plus complet. Ce maître par excellence, cependant, n'a point été arbitrairement imposé : c'est l'élection qui l'a donné. Mais on se demande comment, entre gens qui ne se parlent jamais, qui ne doivent se connaître ni dans le passé ni dans le présent, il est possible de s'entendre pour faire un choix.

C'est d'ailleurs un personnage considérable que l'abbé. Il traite d'égal à égal avec l'évêque. Il voyage, il parle, il écrit, il a de grandes relations. Aussi, quelques austérités qu'il s'impose, je ne puis m'empêcher de le regarder comme le trappiste qui l'est le moins de toute la maison. Il était absent, à l'époque de mon séjour au monastère. On vantait beaucoup sa piété, son zèle et son esprit.

J'aurais volontiers prolongé l'entretien, mais la cloche sonnait le *mandatum,* et je me rendis avec les religieux où la cloche les appelait. La cérémonie du *mandatum* n'a lieu qu'une fois par semaine, le samedi. Elle se fait dans un de ces mesquins corridors badigeonnés que l'on décore du nom de cloîtres. Les trappistes viennent s'asseoir sur un banc de chaque côté du mur, en face les uns des autres. Le père hôtelier m'indiqua ma place à peu près au hasard. Bientôt on chanta quelques fragments de l'Évangile, puis je vis les pères se baisser, relever avec précaution un pan de leur robe, et tirer un pied nu de leur sandale, pendant qu'au bout du corridor se montraient deux religieux ceints d'un linge blanc, et portant, le premier un bassin, le second un vase plein d'eau. Cette eau devait servir à laver le pied droit de tous les religieux. Le *mandatum*, dans la langue du couvent, signifie le lavement des pieds; les paroles de l'Évangile que l'on chantait sont en effet celles qui rappellent le lavement des pieds des apôtres par le doux maître. Mais à la manière leste et rapide dont l'opération fut faite, il me sembla qu'on ne pouvait prendre au sérieux que le sens figuré de cette cérémonie inspirée par l'admirable abaissement de Jésus. Cela ne dura guère qu'un quart d'heure. Cependant je crus m'apercevoir que deux ou trois frères convers étaient déjà bien près de s'endormir; ils s'étaient levés de beaucoup avant le soleil, le soleil était couché, et ils avaient travaillé aux champs toute la journée. On se serait endormi à moins. Heureusement que, dans cette maison de l'immobilité morale, rien ne se fait, pas même la prière, sans changer de position au moins toutes les vingt minutes. Les têtes que la fatigue inclinait eurent donc bientôt à se redresser. On se leva pour aller à la chapelle réciter complies et chanter le *Salve Regina*.

En passant près de moi, le prieur me fit signe de le suivre. Cette fois je ne montai plus dans la tribune. Il me plaça dans une stalle à côté de lui. On ne me traitait déjà plus comme un étranger, j'étais presque de la famille. Le prieur ouvrit pour nous deux le grand livre des offices, et comme je sais un peu de musique, je pus suivre et chanter avec lui le *Salve Regina*. Ce *Salve Regina* a une grande réputation, et quoiqu'à la Trappe on n'y ait pas changé une seule note, il est cependant bien le *Salve Regina* de la Trappe. Je n'ai rien entendu qui m'ait ému comme cette prière si simple, si bien exprimée. C'est vraiment un chant sacré. On ne peut s'empêcher de tressaillir lorsque la voix ordinairement grave des pères arrive à ces mots : *Ad te clamamus exules.* On croirait que la voûte va se fendre pour laisser passer plus librement un soupir si ardent. C'était enfin l'heure du saint délire. Ces regards où jusqu'alors je n'avais lu que la paix de l'âme et l'anéantissement des passions brillaient d'un éclat extraordinaire. Il me semblait entendre battre tous les cœurs dans les poitrines haletantes et voir courir sur toutes les lèvres les frissons brûlants du divin baiser. La belle figure du prieur, dans ce moment, me parut plus belle encore; elle me rappelait avec un caractère plus réfléchi, mais avec la même douceur charmante dans son exaltation, la tête du saint Symphorien de notre illustre Ingres. Mais bientôt tous ces fronts, un instant radieux et levés vers le ciel, dont ils semblent toucher le seuil, s'affaissèrent humblement, les chants cessèrent, et tout rentra dans un profond silence.

Après quelques minutes de recueillement, le

prieur se leva, passa devant moi, et tous les frères se levèrent pour le suivre au chapitre. Je suivis les frères. Il y eut un instant de muette prière, mais tout à coup le prieur, montant sur une estrade, étendant la main et se frappant la poitrine, s'écria : *Miserere mei!* et au même instant tous tombèrent prosternés sur le pavé de la salle, comme s'ils eussent été renversés par la commotion de ces paroles. Immobiles, la face contre terre, et comme ensevelis dans leurs coules blanches, on eût dit, en les voyant à la faible lumière d'une lampe funéraire, que la foudre les avait frappés, car ils n'accompagnaient pas même d'un soupir les versets du psaume que le cœur seul récitait. Mais, à un signal du prieur, ils se redressèrent subitement, comme des morts qui fendent la pierre du tombeau, et vinrent s'incliner devant lui pour recevoir de sa main l'eau lustrale qui doit les purifier jusque dans le sommeil.

Alors la journée du trappiste est finie; il monte au dortoir et se couche sans bruit, comme tout se fait dans cette maison.

V.

Comme je regagnais ma chambre, j'aperçus derrière moi le prieur et l'hôtelier; malgré mes instances, ils voulurent me reconduire jusqu'à mon lit. Ils ne me demandèrent ni l'un ni l'autre l'effet qu'avaient produit sur moi les cérémonies auxquelles je venais d'assister; mais je crois que je leur fis plaisir en disant que je trouvais le *Salve Regina* admirablement exécuté. S'ils tiennent peu à l'estime du monde pour leur courage personnel contre une vie dure et austère, ils l'acceptent volontiers pour ce qui appartient en commun à la maison. On n'a plus de vanité pour soi, mais on en a un peu pour son couvent; il faut bien qu'on en ait pour quelque chose.

Le frère convers m'avait devancé dans ma chambre : il me demanda si je n'avais point d'ordres à lui donner; je le priai de me réveiller pour l'office de la nuit; il me le promit et se retira. Je n'invitai point le prieur ni l'hôtelier à s'asseoir; je me serais reproché de dérober quelques instants de plus à un sommeil déjà si court; mais, nous étant approchés de la fenêtre, la conversation s'engagea insensiblement. Vous le dirai-je? la chasse en fournit le thème, mais la faute en fut à mon chien, qui avait pris le prieur en amitié et que le prieur traitait fort affectueusement. La campagne était fort giboyeuse autour du monastère; le prieur me dit qu'en coupant les blés, on faisait lever beaucoup de lièvres et de perdrix. — Que vous me charmez! m'écriai-je; il y a donc encore quelque coin de terre où le filet du braconnier n'a pas fait une solitude douloureuse.... Ah! dis-je, si vous voulez... — J'allais offrir au prieur une cigarette, et lui proposer de battre ensemble les champs le lendemain matin. Je jetai à temps les yeux sur sa robe blanche : — Allons, mon père, lui dis-je, on dort sans vous, il faut que vous me quittiez.

Il hésitait.

— Prenez garde, ajoutai-je; vous me ferez croire que vous trouvez quelque plaisir dans le commerce de votre hôte, et la règle vous défend même celui-là.

Le prieur leva les yeux au ciel avec une expression indéfinissable, mais le père hôtelier fit de la façon la plus naïve un signe d'acquiescement à mon observation. Plus je regardais la figure du père hôtelier, cette figure calme, ce front où les passions, pas même celle de la prière, n'avaient laissé aucune trace, cette intelligence docile et sans réplique, moins je comprenais pourquoi il était à la Trappe. Pour le prieur, j'en eusse trouvé la raison jusque dans sa grâce parfaite, jusque dans l'expression tendre et charmante de son regard. Mais le père hôtelier, comment avait-il été amené à quitter la voie suivie par le commun des fidèles? quelle nécessité pour lui de ne pas faire son salut comme tout le monde?

J'étais seul. Quoique l'on dût me réveiller à deux heures après minuit, je ne me couchai point, je n'avais pas envie de dormir. Je restai à ma fenêtre; c'était une belle soirée du mois d'août;

la journée avait été brûlante, mais la brise s'était élevée, brise fraîche et douce comme si l'on n'eût pas été à la Trappe. La lune montait lentement à l'horizon. On eût dit qu'elle prenait plaisir à retarder son cours, pour se faire mieux caresser par ce premier souffle embaumé de la nuit. C'était bien cette même lune que mon cœur avait saluée avec des transports insensés aux jours orageux des passions; c'étaient dans le ciel, sur la terre, les mêmes émanations; mais, appuyé sur le balcon, mon chien à mes pieds, fumant une cigarette de latakieh, je sentais comme mort en moi jusqu'à l'écho des voix que cherchait à réveiller cette heure autrefois si remplie de trouble. Cette campagne, ces coteaux doucement éclairés, je ne les peuplais plus de ces fantômes profanes que, quelques années auparavant, je plaçais au détour de toutes les allées, à la borne de tous les champs. Du monastère, le calme avait passé dans mon cœur, et de mon cœur dans la nature.

Bientôt je souris à l'idée de passer le reste de mes jours dans cette maison, non pas soumis à toutes les austérités des frères, mais admis à en partager la quiétude et le silence. — Que je pourrais être un excellent catholique, presque sans m'en apercevoir! m'écriai-je. Je n'aurais sous la main que des plaisirs innocents : la chasse, le piquet avec le curé de Soligny, les conversations avec le prieur, la lecture de quelques bons livres bien orthodoxes, parfois une promenade à cheval, et, dans les grandes circonstances, un dîner au château voisin. O l'excellente, ô l'admirable, ô l'incomparable vie! — Mais, pour ne point mentir, comme je me serais trouvé en prine, si l'on m'eût pris au mot et enfermé à double tour dans ce château en Espagne, au moment même où j'y posais la dernière pierre! Le monde est comme la mer : malgré les écueils et les naufrages, tout brisé qu'il soit, n'y renonce pas qui veut. La lune, la brise, le ciel, les arbres, de rêverie en rêverie, m'eussent bientôt fait sauter à pieds joints par-dessus les murs du couvent.

Ah! ce ne doit pas être toujours chose facile de se faire et de demeurer trappiste jusqu'au bout. Je crois sincèrement que la grâce seule ne suffirait pas. Quelque zèle que l'on apporte, ce zèle a besoin d'être maintenu et conservé par la

*

sévérité de la règle. Aussi, ce qui d'abord semble excessif n'est peut-être que nécessaire; il suffit de la moindre brèche pour laisser passer le relâchement qui saura bientôt l'agrandir et y avoir ses coudées franches. Qui sait si ce n'est pas peut-être pour avoir supprimé ou seulement adouci quelques rigueurs, en apparence inutiles, que ces murs aujourd'hui trois fois saints ont eu leurs jours de scandale et d'abomination? Car il faut bien le dire, la prière et le jeûne n'ont pas toujours régné dans ces lieux, si l'on en croit l'histoire.

VI.

Fondé en 1140, par Rotrou II, comte du Perche, le monastère de la Trappe, vers la fin du xve siècle, offrait déjà l'exemple d'une singulière décadence. Au xviie, le désordre fut complet. Les pères y menaient joyeuse vie, et de toutes façons. Armand-Jean Le Bouthillier de Rancé était alors abbé commandataire de l'abbaye de la Trappe; mais comme lui-même chassait, jouait, et le reste, il laissait faire. Mais voilà qu'un beau jour, hélas! non, ce fut un jour fort triste, Rancé, au lit de mort de Gaston, duc d'Orléans, fait un retour soudain sur lui-même, et tout à coup ce grand seigneur, cité parmi les plus brillants de la cour, ce bel esprit qui avait annoté Anacréon, ce cœur tendre qui l'avait encore mieux traduit, ce fastueux abbé qui cumulait tant d'abbayes avec tant de bénéfices, prend la poste, traverse Mortagne, la forêt du Perche, et vient, un plan de réforme dans la tête, frapper à la porte du monastère de la Trappe.

Le portier, entre deux vins, le fit un peu attendre. Rancé baissa la tête, mais il ne gronda point : il pouvait trouver pire. Les pères étaient à la chasse; Rancé soupira; mais ils auraient pu être en plus mauvais lieu. Il y avait bien dans le réfectoire quelques bouteilles cassées, des débris de venaison dans des débris d'assiettes, je ne sais quel âcre parfum qui survit aux brutales joies d'une orgie : Rancé détourna les yeux avec le dégoût d'un homme élégant et la douleur d'un abbé que le Seigneur a visité; mais n'y avait-il pas des crimes plus grands encore? Quand d'ailleurs on s'attend à tout, on doit plutôt se réjouir du mal qu'on ne trouve pas que s'affliger du mal qu'on rencontre. Il va sans dire que les jardins étaient en friche et la maison sens dessus dessous. On ne travaillait pas plus qu'on ne priait. Certes, pour un réformateur, il y avait de la besogne; mais Rancé n'était pas venu pour se croiser les bras.

En attendant le retour des pères, il alla visiter la grotte à laquelle saint Bernard a donné son nom, quoique ce grand saint n'y ait jamais mis les pieds. Cette grotte, que les entrevues de Bossuet et de l'abbé de Rancé ont depuis rendue célèbre, est creusée dans le flanc d'un coteau boisé dont le monastère touche la base. A peine Rancé y était-il entré, que la voix des chiens courants frappa son oreille. Ces chiens approchaient, ils allaient passer presque sous sa main; il eut un instant l'envie de les *rompre*, et de trancher ainsi tout à coup énergiquement dans le vif. Mais ces chiens étaient si *bien du même pied*, ils chassaient avec tant d'accord, et sans un seul défaut, que tout ce qui restait en lui du vieil homme protesta contre cette barbarie, et il laissa les chiens suivre le cerf. Ce fut la dernière faiblesse de l'abbé de Rancé.

A la nuit tombante, l'abbé de Rancé, qui pendant le jour avait beaucoup médité et pris toutes ses dispositions, se plaça en travers de la porte du monastère, et là il attendit les pères. Le cerf les avait menés loin; ils ne se présentèrent que fort tard, mais avec armes et bagages. Les cors, le piqueur, la meute, rien n'y manquait.

— Vous ne passerez pas ainsi, leur cria d'une voix tonnante le réformateur.

— Nous te passerons sur le corps, répondirent-ils.

— Je suis l'abbé commandataire de cette abbaye, je suis l'abbé de Rancé.

— Qu'il soit le bien-venu. Mais que n'est-il venu plus tôt, il aurait vu forcer ce dix-cors. Le souper est-il prêt?

— Les moines jeûnent et ne soupent pas.

— A d'autres, mon père. Allons, piqueur, sonne le retour pour qu'on serve, et en avant!

Force fut bien à l'abbé de Rancé de livrer passage et de se taire. Il les suivit pourtant jusque dans le réfectoire. C'était là que devait gronder le gros de l'orage. Pas un verre d'eau, pas un morceau de pain, et ils battaient le bois depuis le lever du soleil! Oh! ce fut une explosion terrible. L'abbé fut entouré, hué, et presque frappé. Mais il resta intrépide et calme. Cependant il ne put empêcher le cuisinier de servir quelques grillades et le vin de couler à pleins bords. On se grisa plus à fond et plus bruyamment qu'on ne l'avait jamais fait. Ce début n'était pas encourageant; l'abbé de Rancé ne s'en effraya point. Le lendemain, dès la pointe du jour, il prit à jeun et séparément les frères qui n'étaient point restés sous la table. Il pria, il exhorta, il menaça. Rien n'y fit : ils se trouvaient trop bien de la vie qu'ils menaient. L'abbé de Rancé entra bientôt dans une sainte colère, mais il trouva à qui parler, et manqua, comme disait Louis XIII, de passer un vilain quart d'heure. Sans le secours d'un colonel de cavalerie, Louis Le Loureux, qui depuis se fit trappiste, on ne peut trop dire ce qui serait arrivé à l'abbé de Rancé. C'étaient d'incorrigibles pécheurs que ces frères! Avec eux, il s'agissait bien vraiment de l'*étroite observance*. On eût réformé plus facilement un régiment de chevau-légers.

Voyant donc qu'il n'y avait pas de prise sur ces cœurs endurcis, il voulut bien consentir à les livrer à leurs mauvais penchants; mais il les fit prier d'abandonner le monastère. Ce n'était pas leur compte, vraiment! C'eût été, à leur avis, un marché de dupe; ils firent la sourde oreille. En désespoir de cause, n'ayant pas d'autre moyen de s'en défaire, l'abbé de Rancé offrit de l'argent; alors ils écoutèrent l'abbé de Rancé. Il y eut des pourparlers : l'abbé de Rancé proposait à chaque moine cent écus de rente viagère; ils en demandèrent deux cents. On convint enfin de quatre cents livres. A ce prix ils sortirent tous, un seul excepté, que l'abbé de Rancé avait converti et qui mourut en odeur de sainteté. Demeuré seul, l'abbé de Rancé mit à exécution ses projets de réforme, fit refleurir la règle dans toute sa vigueur, et la laissa telle à peu près qu'elle gouverne aujourd'hui.

Encore quelques mots pour en finir avec l'histoire du monastère. Depuis la mort de l'abbé de Rancé, les trappistes ne se firent plus remarquer que par l'austérité de leur vie. Ils acquirent même un si grand renom de sainteté, qu'en 1790, lors de la suppression des ordres religieux par l'assemblée constituante, on douta que le décret osât s'appliquer à la maison de la Trappe. Cependant l'exception, sollicitée en termes chaleureux par les délibérations de toutes les municipalités voisines, ne fut point admise, et l'ordre arriva d'ouvrir les portes du monastère et de se disperser. On ouvrit les portes, mais on ne se dispersa point.

Olivier était alors abbé de la Trappe. C'était une nature molle, facile à effrayer; il allait se résigner. Mais il avait près de lui un homme plein d'énergie, qui prétendait ne pas courber ainsi la tête; cet homme, c'était le maître des novices, dom Augustin (de l'Estrange de son nom de famille), un esprit ardent, une volonté ferme, un de ces saints de fer qui vont au but en traversant le monde comme un boulet. Il connaissait près de Fribourg, en Suisse, à la Val-Sainte, une ancienne chartreuse abandonnée; il avait obtenu du sénat l'autorisation de s'y établir avec ses frères; il ne les laissa point échapper. A peine le décret a-t-il dit son dernier mot, il les réunit dans la grotte de Saint-Bernard, et les harangue avec tant de chaleur, qu'à l'instant vingt-quatre d'entre eux promettent de le suivre et d'emporter en quelque sorte à la semelle de leurs sandales cette maison qu'on veut détruire. Il y avait bien quelque danger dans l'exécution, mais dom Augustin ne leur laissa pas le temps d'y réfléchir. On partit sur l'heure; c'était le 26 avril 1791. Quelques sacs de nuit et des instruments de pénitence, voilà tout leur équipage. Ils montèrent sur une mauvaise charrette; le couvent y monta avec eux.

La Trappe n'était plus à la Trappe, elle était sur la route de la Suisse, attachée aux pas de dom Augustin. Pendant le trajet, ce fut le même recueillement, la même solitude, les mêmes exercices aux mêmes heures. Ils arrivèrent à Val-Sainte sans avoir en quelque sorte quitté le monastère, passant à travers la France, dans le tumulte déjà sanglant de la révolution qui grondait, sans rien voir, sans rien entendre. On fit donc à la Val-Sainte ce qu'on faisait à la Trappe; on y ajouta même à la rigidité de la règle qu'avait laissée l'abbé de Rancé. Dom Augustin poussa encore plus loin le zèle du réformateur. Élu abbé, comme cela devait être, il reçut du pape, avec la ratification de ce pouvoir, non-seulement l'autorité absolue sur le monastère de la Val-Sainte, mais aussi sur toutes les filiations. Tout allait au mieux. Malheureusement, le torrent révolutionnaire, comme on l'appelle encore aujourd'hui, déborda en Suisse avec nos armées victorieuses, il fallut fuir et chercher un autre asile. Dom Augustin, forcé à errer de Danemark en Belgique, et de Russie en Autriche, profita au moins de ses voyages pour fonder plusieurs communautés d'hommes et de femmes jusqu'en 1802, où il put revenir à la Val-Sainte. Comme il vit bientôt que Napoléon *voulait quelque bien* à la religion, il se hasarda à lui faire une visite. Il fut reçu avec bienveillance. Dès 1806, il y avait une maison de trappistes dans la forêt de Grosbois; Napoléon en dotait une au mont Genèvre, puis une autre à la Cervara, près Gênes. Mais, en 1811, ayant demandé un serment particulier au supérieur du couvent de la Cervara, qui le prêta, et le supérieur s'étant cru obligé à rétracter ce serment quelques mois plus tard, l'empereur se fâcha contre l'ordre tout entier, et dom Augustin, qui n'était peut-être pas étranger à ces scrupules, fut chassé avec tous les religieux. Les pères m'ont dit que la tête de dom Augustin avait été mise à prix, mais je crois qu'ils le vantent un peu.

Quoi qu'il en soit, dom Augustin, rentré en France avec la restauration, acheta ce qui restait des bâtiments de l'ancienne Trappe, fit faire quelques réparations, et depuis, grâce aux bienfaits des âmes chrétiennes, grâce surtout au travail intelligent et infatigable des pères, la maison a toujours prospéré, et n'a eu à subir d'autres persécutions que l'innocente visite domiciliaire de 1830.

VII.

Le frère convers fut exact; à une heure et demie il entrait dans ma chambre avec de la lumière. La cloche sonnait; il me pria de le suivre, et nous nous rendîmes à la chapelle sans échanger une parole. Tous les pères étaient déjà à leur place. Que vous dirai-je? L'office de la nuit, c'est l'office du soir pour l'aspect, moins l'expression brûlante du *Salve Regina;* il est vrai que ce serait à en mourir avant la fin de la journée si l'on commençait sur ce ton. En voyant blanchir le vitrage aux premiers rayons de l'aurore, je me rappelai la messe de minuit à Saint-Étienne-du-Mont, si bien représentée par M. Daguerre au Diorama, et ce souvenir faillit pour quelque temps m'entraîner bien loin de la Trappe.

Après l'office je me recouchai jusqu'à l'heure de la messe, où j'assistai avec toute la maison. La communion seule y a une solennité particulière. A l'*Agnus Dei*, tous les frères s'avancent deux à deux, lentement et les yeux baissés, jusqu'aux marches de l'autel. Là ils s'arrêtent, se saluent, s'embrassent, vont recevoir Dieu dans le tabernacle du cœur qu'ils ont si bien préparé; puis, faisant le tour de l'autel, ils redescendent la chapelle pendant que d'autres la remontent à leur tour. Ce mouvement, exécuté avec une admirable gravité, sans tumulte, sans erreur, mais non sans un enthousiasme concentré, est d'un bel effet pour le poëte et l'artiste; cela est sublime pour le chrétien.

— Vous dînez donc avec nous? me dit le prieur dès que nous fûmes sortis des cloîtres après la cérémonie. Avez-vous faim? ajouta-t-il en riant.

Ce que j'avais entendu dire de la table des trappistes ne pouvait, certes, exciter que ma curiosité. Je ne le cachai pas au prieur; je vantai même le courage qu'il fallait pour accepter tous les jours une nourriture aussi rebutante.

— Prenez garde d'aller au-delà du vrai, me répondit-il, et placez mieux votre admiration; ce n'est qu'une habitude à prendre. L'abstinence quotidienne des mets délicats n'est bientôt plus une abstinence. D'ailleurs, n'avons-nous pas été devancés? Notre vie, sous ce rapport, n'est que la vie pythagoricienne. *Nonne et ethnici hoc faciunt?*

Nous nous acheminâmes vers le réfectoire. Tous les pères étaient réunis dans un des corridors qui vient y aboutir. Nous passâmes au milieu d'eux, le prieur et moi; arrivé à leur tête, le prieur reçut un vase plein d'eau de la main d'un frère convers, et un autre frère apportant un bassin, il fallut, bon gré mal gré, laisser le prieur répandre cette eau sur le bout de mes doigts, et ce fut lui encore me qui présenta la serviette. Il ne voulut jamais me permettre de lui rendre les mêmes soins.

Nous nous assîmes seuls l'un près de l'autre sur une espèce d'estrade qui domine tout le réfectoire. On avait dit le *Benedicite* à genoux. Un religieux monta dans une chaire, commença la lecture, et l'on se mit à table. Le premier service se composait d'une julienne fort épaisse, cuite sans beurre; le second service était représenté par un vermicelle au lait, que je trouvai excellent. Quelques oignons frais et crus faisaient les frais du troisième service. On y fit généralement peu d'honneur. On but du cidre, du petit cidre, il est vrai, mais enfin ce n'est pas de l'eau. Au reste, les portions sont assez fortes.

On mange avec des fourchettes et des cuillers de bois, dans des écuelles de bois; il en résulte, au milieu du silence général, une espèce de clapotement monotone, assez semblable à celui de la mer par le calme sur les flancs d'un navire à l'ancre; il faut quelques instans pour s'habituer à ce bruit; vu le lieu, on le prendrait presque pour une psalmodie.

Pendant le dîner, je vis plusieurs frères venir à nos pieds se prosterner de tout le corps; ils se punissaient ainsi d'une maladresse, comme d'avoir laissé tomber la fourchette ou répandu sur la table le cidre ou le vermicelle. Vous conviendrez qu'il n'y a pas de régiment modèle où la discipline soit maintenue avec plus de sévérité, mais il n'en existe pas non plus où l'exercice soit fait avec plus de précision.

Le jour même de mon départ, j'allai aux champs avec tout le monastère : comme les religieux, je m'armai d'une faucille, et je *fis mon sillon*. Avec mes vêtements d'été, le col et les bras nus, au bout d'une heure, la chaleur m'avait exténué; mais eux, couverts de leur double robe de laine, la tête enfermée dans un capuchon, ne devaient-ils pas être au supplice! Hélas! ils n'avaient pas même l'air de s'en apercevoir. Le prieur, qui avait bien payé de sa personne, ne songeait qu'à ma fatigue, et me demandait presque pardon d'avoir permis que je mouillasse aussi de la sueur de mon front les terres du couvent. C'était à s'en fâcher, si l'on eût osé.

A onze heures, je fis mon dernier déjeuner à la Trappe. Le curé de la cathédrale de Séez et le curé de Soligny, village voisin, étaient venus me joindre. Le prieur, le sous-prieur, l'ex-prieur et un autre père assistaient à ce déjeuner, mais il n'y avait que trois couverts. Le curé de la cathédrale voulait que les pères se missent à table avec nous, il les y excita par mille moyens, et alla jusqu'à discuter la lettre et l'esprit de la règle; ils résistèrent aux prières et aux arguments. Du reste, pas un regard de convoitise involontaire sur les mets qui nous étaient servis. La chair faisait admirablement la morte, si elle ne l'était pas; mais elle l'était. Cependant ils ne détournaient pas les yeux, ils veillaient au contraire avec le plus grand soin à nos moindres besoins.

L'heure du départ était enfin sonnée : les pères vinrent nous reconduire jusqu'à la porte de l'auberge, où le char-à-bancs attendait; l'on se serra la main, l'on s'embrassa, et l'on se promit de se revoir. Mais ils ne sortiront pas de ces murs où ils m'ont si bien reçu, ils ne viendront pas au-devant de leur hôte; et moi, retournerai-je un jour parmi eux?

Septembre 1840.

FIN.

www.ingramcontent.com/pod-product-compliance
Lightning Source LLC
LaVergne TN
LVHW021723080426
835510LV00010B/1117